Peter Pan

AUZOU

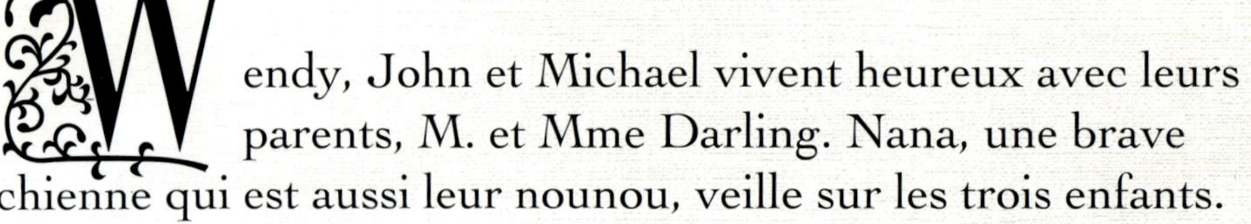

Wendy, John et Michael vivent heureux avec leurs parents, M. et Mme Darling. Nana, une brave chienne qui est aussi leur nounou, veille sur les trois enfants.

Chaque nuit, ils s'envolent en rêve pour le pays de l'Imaginaire. Sur cette île merveilleuse peuplée de pirates, d'Indiens et de sirènes, vit un enfant du nom de Peter Pan. Malicieux et intrépide, il est aussi le capitaine des garçons perdus.

Mais surtout, il a décidé de ne plus jamais grandir pour pouvoir s'amuser sans répit.

Un soir, Peter Pan et la fée Clochette apparaissent dans la chambre des enfants. Wendy se réveille et découvre Peter.
« Tu veux bien m'aider à recoudre mon ombre ? »
En effet, Nana la lui avait arrachée…
Aussitôt dit, Wendy recoud l'ombre de Peter.

« Veux-tu me suivre au pays de l'Imaginaire ? dit Peter à Wendy. Tu pourrais t'occuper de nous et nous raconter des histoires ! » Wendy accepte, à condition que John et Michael les accompagnent. Un peu de pollen de fée et les voilà prêts à s'envoler !

Quel plaisir de planer dans les airs, à travers les nuages et au-dessus de la mer. Enfin, une île est en vue. C'est bien le pays de l'Imaginaire dont Wendy, John et Michael rêvent chaque nuit.

Mais le danger, lui, est bien réel : les pirates les ont repérés, et ils tirent un boulet de canon sur eux !

Les enfants échappent de justesse à l'attaque. Le capitaine Crochet est furieux. Depuis que Peter lui a coupé la main pour régaler le crocodile géant, le pirate ne pense qu'à se venger. Jour après jour, il traque Peter Pan pour l'embrocher avec son crochet.

Mais il doit rester prudent, car le crocodile a tellement aimé sa main qu'il aimerait bien croquer le pirate tout entier. Par chance, le crocodile a aussi avalé un réveil-matin… C'est un signal bien utile pour Crochet, qui s'enfuit dès qu'il entend un « tic-tac, tic-tac ».

Tout le monde est arrivé sain et sauf dans la maison souterraine des garçons perdus. Les joyeux garnements accueillent les nouveaux venus. Pour eux, Wendy est une vraie maman qui leur raconte des histoires avant de s'endormir.

Sur l'île, Wendy, John et Michael vivent des tas d'aventures, mais après plusieurs jours, les enfants sont fatigués. Pour Wendy, John, Michael et les garçons perdus, il est temps de quitter le pays de l'Imaginaire…
Et de grandir ! Sauf pour Peter, qui veut toujours s'amuser !

LA PLUME
LES JUMEAUX
LA GUIGNE
LE FRISÉ
BON
LIGUE

ZIGUE
TRÉ PA
PETER
LA PLUME

Wendy et tous les enfants s'apprêtent donc à quitter la maison souterraine. Peter est triste de les voir s'en aller.
Pendant ce temps, le capitaine Crochet, bien décidé à attraper Peter Pan, a encerclé la maison souterraine. Mais les enfants n'en savent rien.

En sortant, ils sont capturés un à un par les pirates et emmenés sur le bateau. Peter Pan s'élance à travers le pays de l'Imaginaire pour délivrer ses amis. En chemin, il croise le crocodile géant. C'est alors que Peter a une idée : il va imiter le « tic-tac » du crocodile pour effrayer Crochet !

Sur le bateau pirate, l'équipage chante et danse autour des prisonniers.

Soudain, les pirates entendent un « tic-tac » bien familier. Bien sûr, c'est Peter Pan... Crochet est terrorisé. Peter profite de leur panique pour libérer ses amis. La bagarre est lancée, les garçons perdus attaquent les pirates, si bien que très vite, tout l'équipage est jeté par-dessus bord.

Seul Crochet reste sur le pont pour affronter Peter Pan. Le combat est terrible, aucun coup n'est épargné. Mais Peter est plus fort, il se bat mieux qu'un pirate ! Sentant la victoire lui échapper, Crochet se jette à l'eau. Pour son plus grand malheur, car le crocodile l'attend et n'en fait qu'une bouchée.

C'en est fait du sinistre capitaine Crochet,

Peter a gagné !

Peter Pan est désormais capitaine du navire et les garçons perdus sont ses moussaillons. Cap sur le grand large, Peter ramène tout le monde à la maison.

Pour quitter le pays de l'Imaginaire, il faut hisser la grand-voile, surveiller l'horizon et obéir aux ordres du capitaine Pan !

ANA
M DARLING